AF360251

LES MONUMENS

ANCIENS ET MODERNES

DE METZ,

PATRIE DE L'AUTEUR;

DÉPARTEMENT DE LA MOSELLE.

A PARIS;

Chez BUC'HOZ, Directeur de cet Ouvrage, rue Haute-Feuille, N°. 26.

M. D C C C X V.

L'AN Troisième de la République Française.

NOTICE

HISTORIQUE

DE LA VILLE DE METZ

L'origine de Metz se perd dans la nuit des temps, ainsi que celle de toutes les anciennes villes; tout ce qu'on peut dire de plus certain, c'est qu'avant et du tems de Jules César, elle étoit déjà une ville très remarquable, capitale d'un peuple nommé Médiametricien, et que depuis elle à été une des villes principales de la Gaule Belgique. Elle a porté successivement differens noms, et l'on ne peut pas plus rendre raison de leurs changemens, que fixer la datte de l'établissement d'une ville interessante à bien des égards, et qui fournit de temps en temps des époques mémorables à l'histoire; on peut la diviser en cinq principales, la première est determinée par les conquêtes, que les romains en firent sous César, après avoir eu pendant quelque temps les Mediamétriciens pour alliés.

La deuxième est marquée par celle des Francs, qui eut lieu après le partage des états de Clovis entre ses quatre fils, a l'erection de la ville de Metz en capitale du royaume d'Austrasie, qui se maintint sous 23 rois. Après la mort de Louis le Debonnaire, Metz comprise dans le lot fait à Lothaire son fils ainé parut dépendre plus particulierement de l'empire, et devenue par sa position un objet de curiosité et d'ambition, également séduisant pour les rois de France et la maison de Saxe, qui monta sur le trône impérial en 918, elle fut pendant près d'un siècle en butte à tous les événemens et à toutes les horreurs d'une guerre cruelle, jusqu'à ce que, par un accord passé entre Lothaire roi de France et l'empereur Othon III, il fut decidé en 985, que la Lorraine et Metz qui en étoit alors une sorte de dependance, seroient regardées comme faisant partie de l'empire, qui en feroit homage; cette espece de concession peut-être considerée comme la troisième époque des grands changemens relatifs à la ville de Metz et au pays Messin. Cependant il est a observer que les empereur n'exerçoients pas un droit de souveraineté sur le pays. Tout ce que les habitans avoient eu à souffrir des secousses continuelles, qu'ils avoient éprouvées depuis l'origine des contestations, dont ils étoient en partie le sujet, leur avoit fait prendre des mesures pour assurer leur liberté, principalement du coté de l'empire, dont les droits leur paroissoient alors mieux établis, en raison des dons faits à l'empereur Lothaire I. Dès le règne d'Othon II, ils avoient profité d'un temps, où le sort des armes avoit peu favorisé ce prince, pour faire eriger leur cité en ville libre impériale. C'est à la faveur du diplome accordé par cet empereur, qu'elle parvint pour ainsi dire, à faire un état à part et qu'adoptant la constitution républicaine, elle se gouverna par ses propres loix. Il y a apparence que dès lors les Messins se créérent des magistrats, puisque vers l'an 1045 un nommé Jean, portoit la qualité de maitre échevin: il y a lieu de penser neanmoins que ces officiers n'avoient alors que fort peu d'autorité, étant subordonnés aux comtes qui gouvernoient la ville jusqu'en 1220, il y a apparence aussi, que ceux-ci, qui avoient été établis sous les rois Francais de la première race, et maintenus sous ceux de la seconde, négligerent considerablement sous les empereurs, la police et l'administration de la ville de Metz; car sous le pontificat de Bertrand, son 59 évêque, l'un et l'autre étoient dans un si grand desordre, que ce prélat, un des plus respectables sans contredit, que cette ville ait jamais eue,

A

profi... des instans, que ses désagremens personnels lui laissoient pour travailler à la reformation de la magistrature, en reglant la manière d'élire les maîtres échevins, en créant les amans ou notaires, en établissant la juridiction des treize, et en faisant d'autres établissement utiles au bien public. Cette forme de constitution qui datte des dernieres années du douzième siecle, se soutînt avec des modifications plus ou moins restraintes, jusqu'au temps ou Metz reunie au patrimoine des rois de France, rentra sous l'empire des lys en 1552. Cet événement forme la quatrième des epoques sous laquelle on peut envisager l'histoire imparfaitement connue des peuples qui ont occupé la ville de Metz et son territoire, depuis Jules César ; la cinquème et derniere époque est celle qui lui a été commune avec toute la France, lorsqu'elle a voulu secouer le joug des rois et s'ériger en grande république, dont on ne peut avoir aucune idée, à moinsqu'on ne la compare en partie avec celle des romains; elle à été nommée capitale d'un des départemens, dans lesquels on à divisé la France, et on a donné à ce département le nom de la Moselle, du nom de la riviere de Moselle qui la traverse. Ces cinq epoques differentes ont dû necessairement beaucoup influer sur l'esprit, les mœurs, le caractere et l'état politique des Messins.

Nous rapporterons dans cet ouvrage les principaux monumens de Metz et du département dont elle est la capitale; il s'en trouve d'anciens et de modernes, qui méritent bien l'attention des amateurs; nous commencerons d'abord à mettre sous les yeux de nos lecteurs la vue de Metz, une des plus agréables par sa position; nous en avons dessiné la vue du haut du chemin, qui vient de France, elle forme decet aspect, le plus beau spectacle qu'on puisse desirer.

DÉPARTEMENT

DE

LA MOSELLE.

LE DÉPARTEMENT de la Moselle à cause du nom de la riviere qui la traverse du sud au nord à été décreté le 19 Janvier 1790 par l'Assemblée Natio-
nale, divisé dabord en 9 Districts, et actuellement en 70 Cantons formant 489
municipalités, savoir : Longwy, Villers la Montagne, Ameiz, Audun le Roman,
Xivri le Franc, Mercy le Bas, Longuion, Charancy, la Grande-Ville. Thionville
ville fortifiée, Hettange, Rodemack, Sierck, Ingling, Lutange, Florange, Konix-
maker, Cathenon, Sar-Louis ville fortifiée, Mohu, Reling, Reking, Castel enclavé
dans le Palatinat, Berus, Bouzonville, Munseskirchen, Walawiese, Bitche, Rosbach,
Volmunster, Breidenbach, Lemberg, Bouquenom ci-devant terre d'Empire, Sar-
guemine, Avold, Forbach, Sar-Albe, Helimer, Petelange, Morange, Sailly,
Timonville, Ancerville, Valimont, Faulquemont, Bistroff, Ticour, Metz ville
fortifiée, Meziere, Argancy, Flanville, Goin, Corny, Gorze, Mars la Tour,
Gravelotte Moulin, Borny, Auny, Briey, Norroy le sec, Sancy le bas, Hayange,
Grande Moyeuvre, Jouaville, Friauville, Fumereville, Boulay, Vry, Bertancour,
Hottonville, Longeville, Baville, Maycroy, les Étangs et Warise.

N.º 1. — Profil et élévation de l'Église Cathédrale de la Ville de Metz, vû du côté de l'Hôtel de Ville.

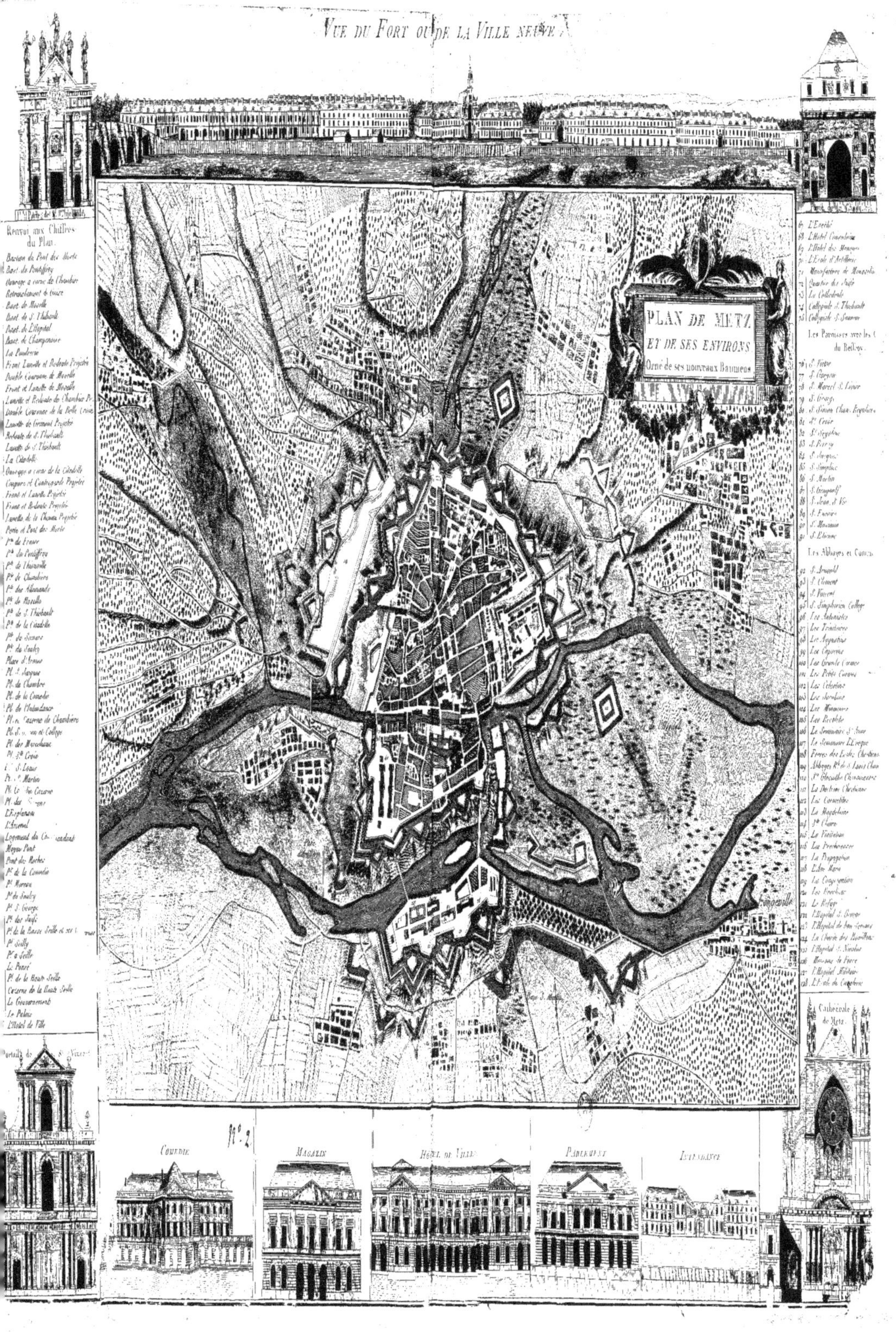
VUE DU FORT OU DE LA VILLE NEUVE
PLAN DE METZ
ET DE SES ENVIRONS
Orné de ses nouveaux Batimens
Renvoi aux Chiffres du Plan.
COMEDIE
MAGASIN
HOTEL DE VILLE
PARLEMENT
INTENDANCE
Cathédrale de Metz

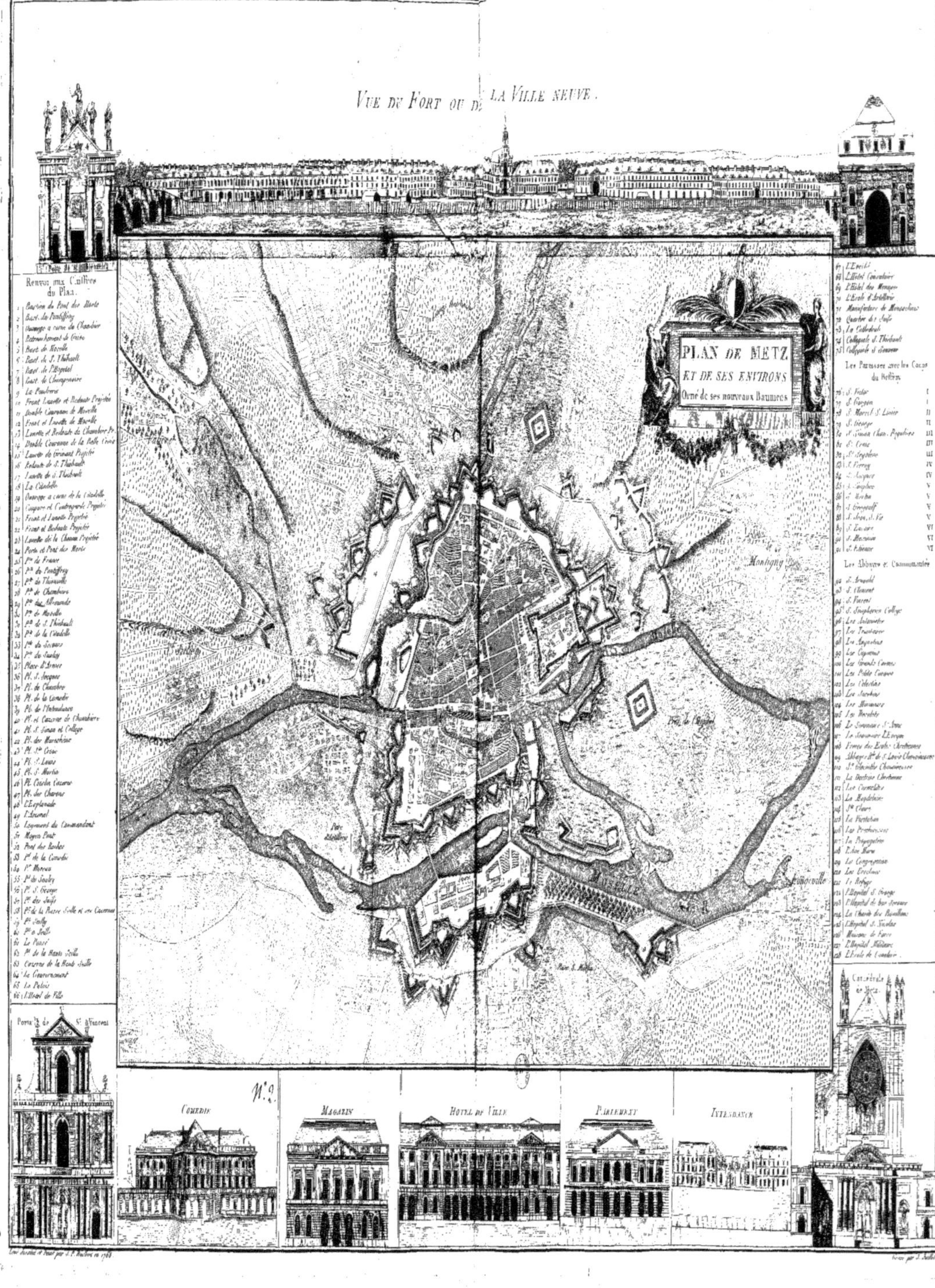

VUE DU FORT OU DE LA VILLE NEUVE.
PLAN DE METZ
ET DE SES ENVIRONS
Orné de ses nouveaux Baumes
Renvoi aux Chiffres du Plan.
Montigny
Moyeuvre
COMEDIE
MAGAZIN
HOTEL DE VILLE
PARLEMENT
INTENDANCE

VUE DE LA VILLE DE METZ DU COTE DE LA ROUTE DE FRANCE.

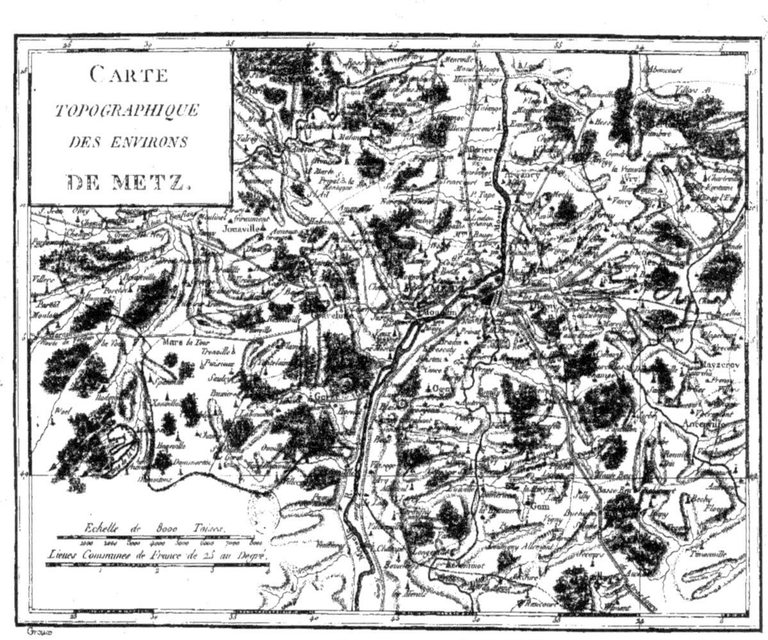
CARTE
TOPOGRAPHIQUE
DES ENVIRONS
DE METZ.
Echelle de 8000 Toises.
Lieues Communes de France de 25 au Degré.

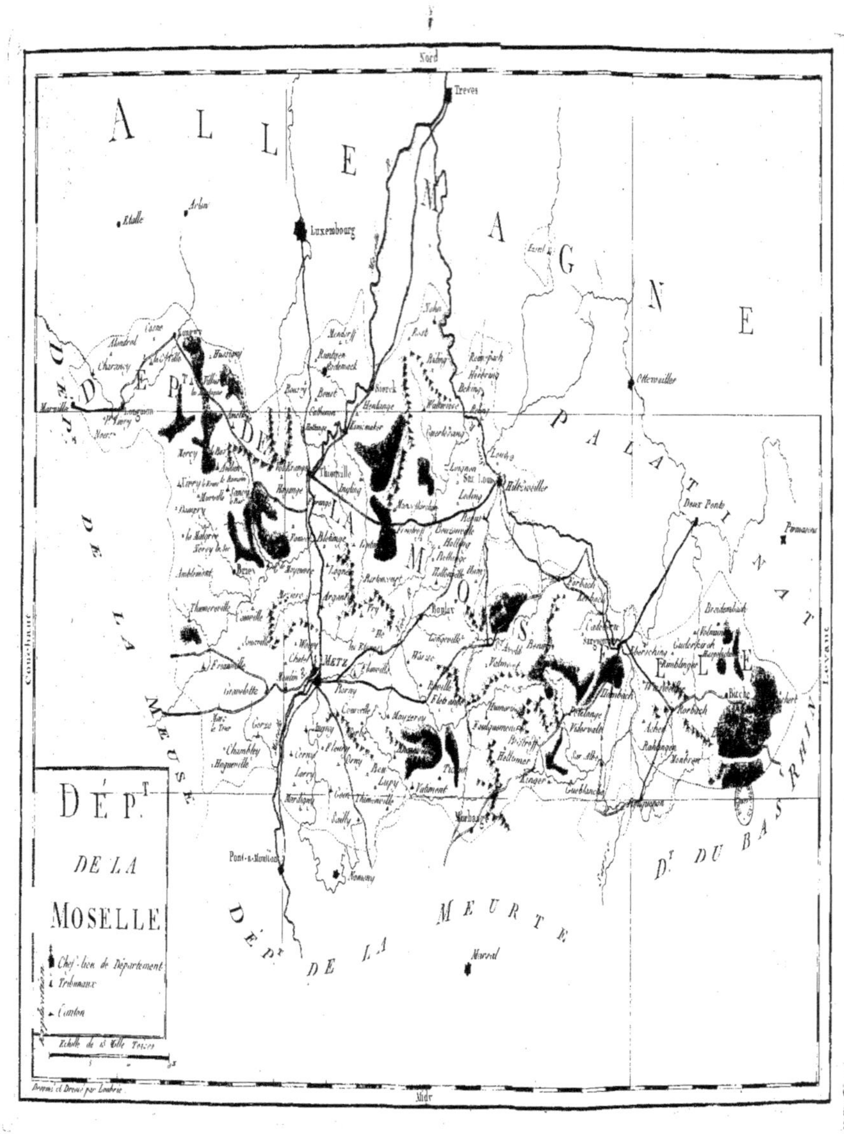

Nord
Treves
A L L E M A G N E
Arlon
Etalle
Luxembourg
Ottweiller
Deux Ponts
P A L A T I N A T
D É P T
M O S E L L E
Thionville
METZ
Pont-a-Mousson
D É P T   DE LA   M E U R T E
D É P T   DU   B A S   R H I N
Conflans
Midi
DÉP.
DE LA
MOSELLE
Chef-lieu de Département
Tribunaux
Canton
Echelle de 15 Mille Toises
Dessiné et Dessiné par Loubric.

N.º 5.

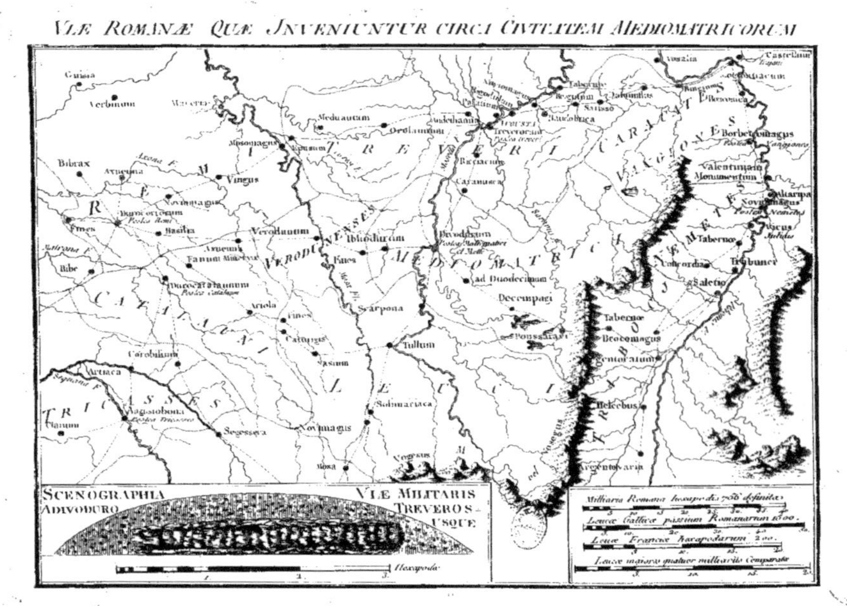

VIÆ ROMANÆ QUÆ INVENIUNTUR CIRCA CIVITATEM MEDIOMATRICORUM
SCENOGRAPHIA ADIVODURO
VIÆ MILITARIS TREVEROS USQUE

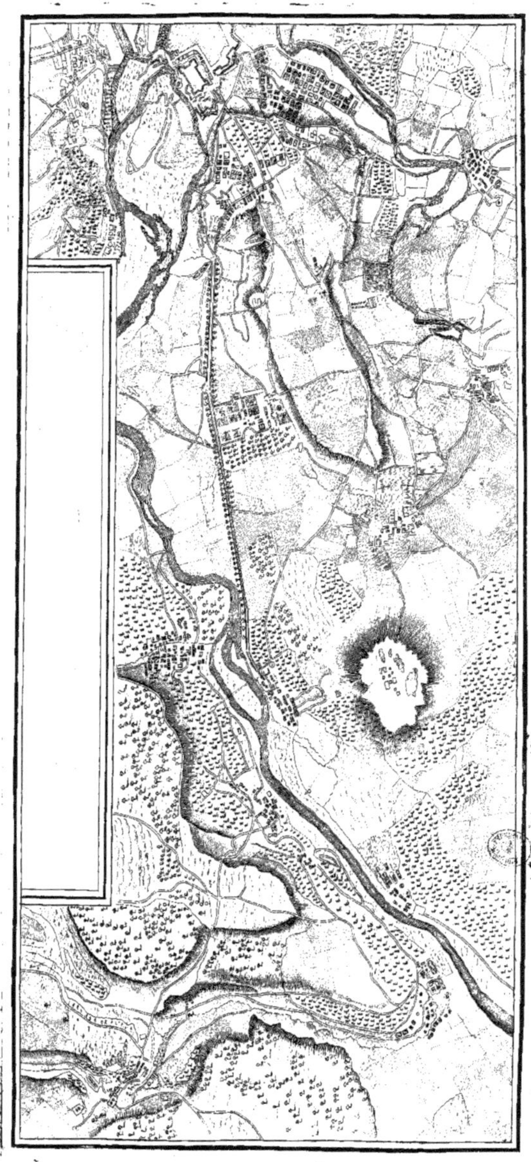
N° 7

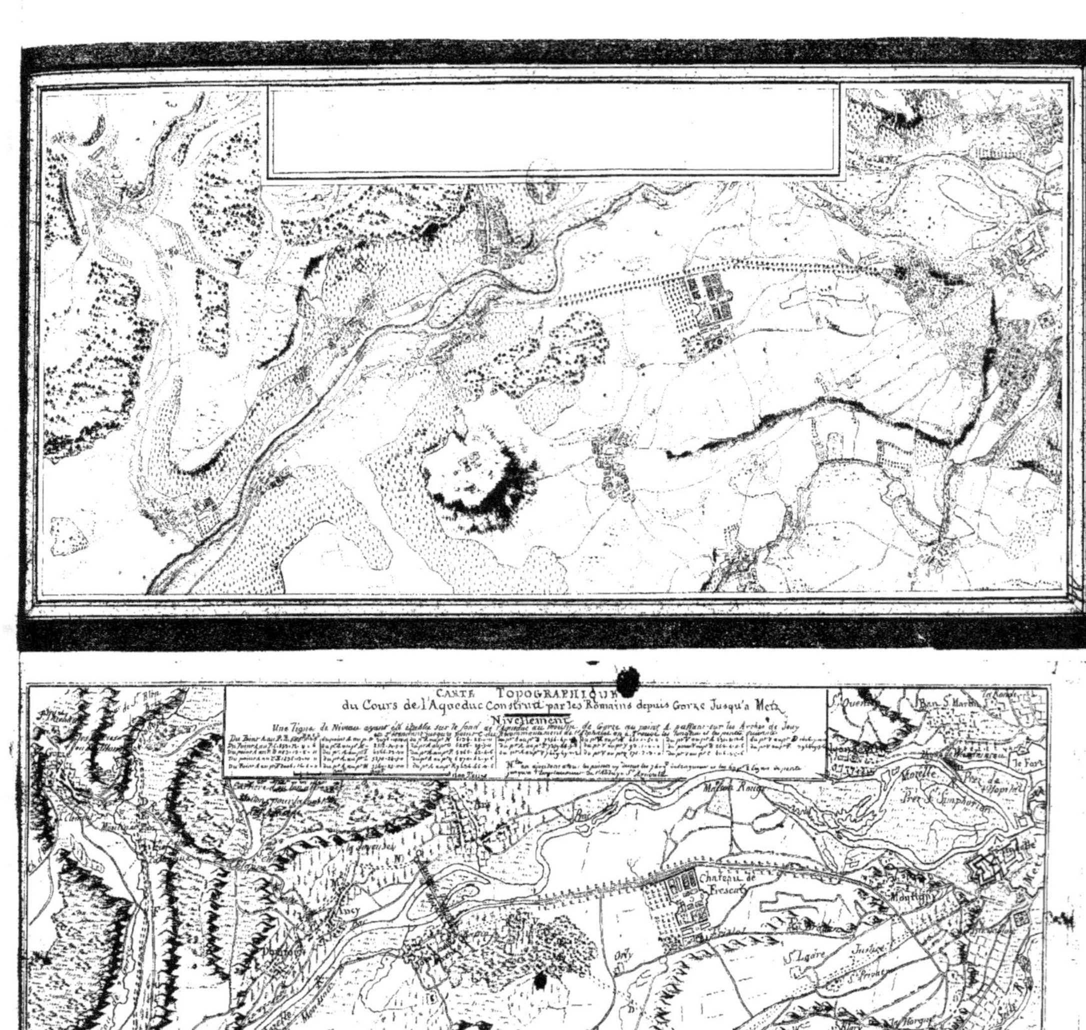

CARTE TOPOGRAPHIQUE
du Cours de l'Aqueduc Construit par les Romains depuis Gorze Jusqu'a Metz
Nivellement
S.t Quentin
Ban S.t Martin
Moselle
Prez de l'Hopital
Prez S.t Symphorien
Maison Rouge
Château de Frescaty
Montigny
Orly
S.t Ladre
Jussy
S.t Privat
S.t Ilary
la Horgne
Papeterie
Selle
Jugny
Noveant
Novéant
Magny
Marly
N.o 7

COURS DE LA MOSELLE
DEPUIS METZ JUSQU'A
COBLENTZ SON EMBOUCHURE
FRANCE
TERRITOIRE DE LUXEMBOURG
TERRIT.e DE TREVES
Explication
Ville Episcopale
Ville
Bourg
Village
Hameau
Château
Echelle de dix mille toises

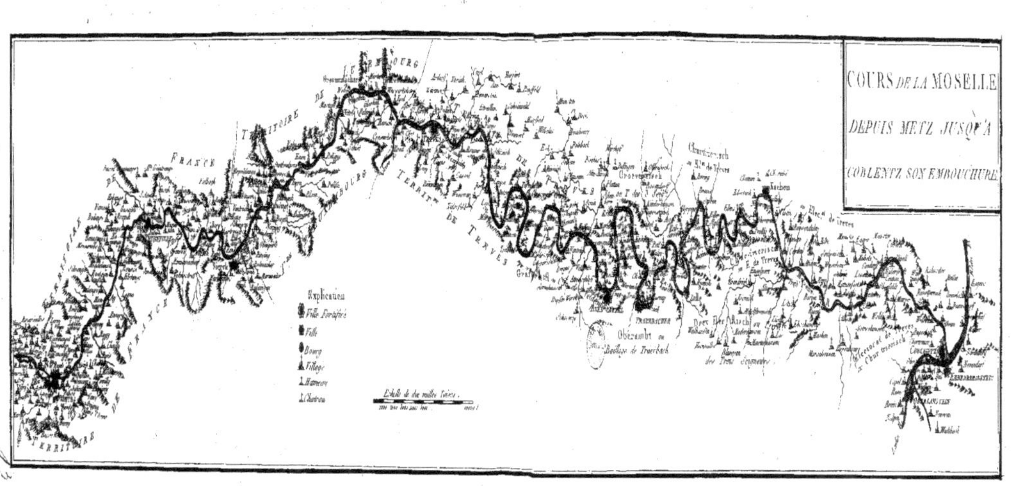

N.º 8

PARTIE
MÉRIDIONALE
de la Moselle
depuis sa Source
jusqu'à Metz.
EXPLICATION
Ville Fortifiée
Ville Forte
Bourg
Village
Hameau
Échelle de dix mille Toises.

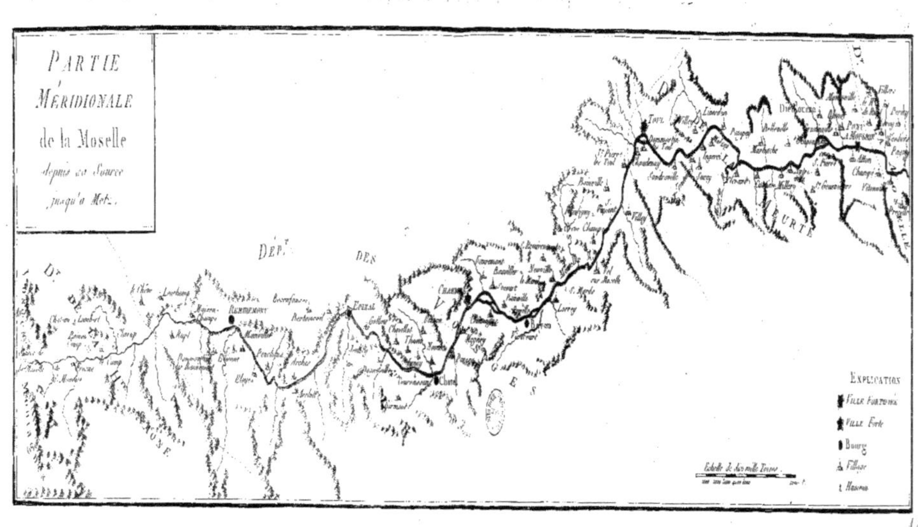

N.º 9.

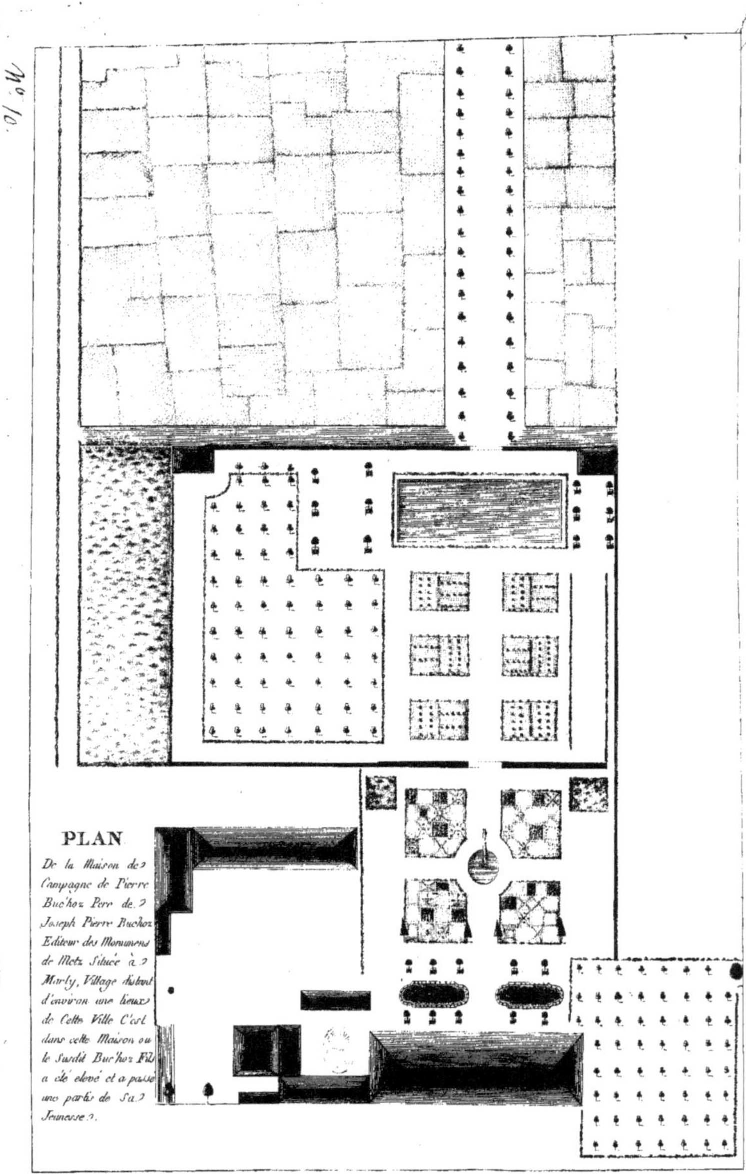

N.o 10.
PLAN
De la Maison de
Campagne de Pierre
Buchoz Pere de
Joseph Pierre Buchoz
Editeur des Monumens
de Metz Situee à
Marly, Village distant
d'environ une lieux
de Cette Ville C'est
dans cette Maison ou
le Susdit Buchoz Fils
a été elevé et a passé
une partie de Sa
Jeunesse.
n.o 10